残念無念な男たちコレクション

西田淑子

現代書館

残念無念な男たちコレクション
目次

頑固 ……………… 5

偏屈 ……………… 15

見栄っ張り ……………… 35

ズルい男 ……………… 61

情けない男 ……………… 79

食事のマナー ……………… 97

己を知らない ……………… 107

家事をしない男 ……………… 113

女については ……………… 125

やっぱり男は ……………… 157

　あとがき ……………… 175

ブックデザイン・本文組デザイン　奥富佳津枝（奥富デザイン室）

頑固

ちょっと探して見つからないと、
妻の不始末のせいにする夫が多い。
「オレはいつもここに置いているんだ」だの
「オマエにこのあいだ渡しただろ」だの、
さも確かなことのように言うが、
探しものは
90％夫の領域から出てくる。
出てきても「あった」と言うだけだ。
さんざん罵った詫びを言うつもりはないらしい。

失せものはまず人のせい

己をかえりみず人を批判する男

なんでもすぐどなり込んでくる男

些細
さ さい
なことで突然怒りだす男
がいる。

普通の人の沸点を100℃すると、

60℃くらいで沸騰しはじめ、しかもしつこく長い。

はた迷惑この上ない。

なにか栄養が足りていないのかもしれない。

それが「愛情」という栄養だとしたら、

サプリメントで補充できるものではないだろう。

ゲームに負けると怒り出す男

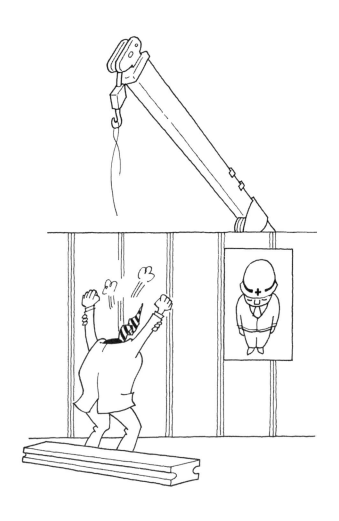

顔をつぶされたと突然怒り出す男

DV（ドメスティックバイオレンス）男

伝統をテクノロジーで破壊する男

堅物で融通の利かない男でも、
昔だったら周囲がお膳立てして結婚できたかもしれないが、
今のご時世では、いくら婚活しても弾(はじ)かれてしまう。
自分がそういうタイプだと自覚のある方は、
せめて10代20代の見目麗(み めうるわ)しいお年頃の時に
アプローチを繰り返したほうがいい。
50歳はあっという間だし、
それを過ぎたら顔に「偏屈」がにじみ出て、
女性は寄りつかなくなる。
それもまた楽し、なら余計なお世話とお聞き流しください。

杓子定規な男

言葉尻ばかり追求する男

無頼漢を気どって家を捨てた男の末路

しゃれたジョークを言える男は

３割増し男前に見える。

冗談の通じない男は

３割増しで男を下げる。

冗談の通じない男

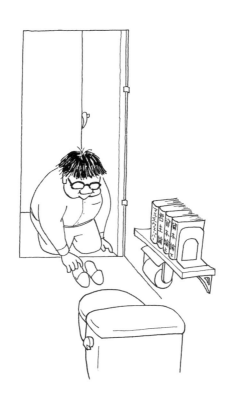

おもしろみのない男

人と交わろうとしない男

人生の成功者でも
学歴や家柄にコンプレックスを
抱えている人は少なくない。
学者の前に出ると畏縮したり、
成功者としての地位を利用して、
高学歴や家柄のいい人を家族や部下に
取り込もうとする。
本人はしてやったりかもしれないが、
傍(はた)から見ていると品がない。
品性だけは金では買えない。

学歴コンプレックスにとらわれた男

わざと人と違うことをして
目立とうとする男がいる。
人と反対のことをすればいいのだから、
どこにも頭は使ってない。
本人は個性と思い込んでいるのだから
始末が悪い。

へそ曲り

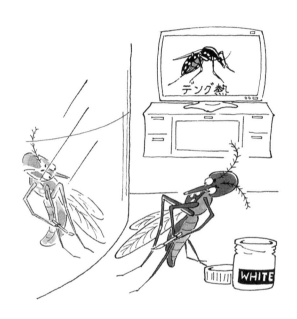

嫌われ者をきどるヤツ

意味のない頑固者

青春を**安保闘争**のなかで過ごして、
そのまんま固まってしまったような人がいる。
飲むと熱く語るのだが、
年々、**話は美化**される。
あまりに政治的人間でない今の若者に
苛立つ気持ちはわかるけど、
そういう上から目線の説教癖はやめようよ。
ほら、**誰も聞いちゃいない**。

化石男

ネット社会において
匿名で攻撃することに
喜びを見出す人種が出現している。
ことが深刻になり逮捕されると、
「えっ！ あの人が！」と
周囲に驚かれるようなおとなしい男がいたりする。
面と向かって言えなかった
情けない自分が、
匿名という仮面をかぶると、
正義の志士にでもヤクザにでも**変身**できるのだろうか。

「匿名」という現代仮面男

ハンドルを握ると人格が一変する男

見栄っ張り

女性は人と同じものを持ちたがるが、
男性は差別化を好むようだ。
本人は"いつまでも少年の心"の
つもりでも、傍(はた)から見ていると滑稽でしかない。

個性派をもって自任する男

注目浴びたがり屋

場違いなカッコつけ屋

女のナルシズムの対象は
ほとんどが自分の容貌にかぎるので、
ナルシストはそう多くはないのだけど、
男の"カッコいい"は勝手に範囲を広げてあるので、
おつむの弱い自分に甘い人は
たいていこの範囲に入ってしまう。
「どうもあの人は自分でカッコいいと思っているらしい」と
こちらが気が付くのは、
付き合い始めてだいぶ経ってからだ。
亡くなってから
「あの人もナルシストだったのかもしれない」と
気付いたりする。

それほど男のナルシズムは容貌と一致しないのだ。

己の魅力は、連れている女は言うに及ばず、
車や腕時計、希少本などの持ち物にまで及ぶ。
"そんなものを持っているオレってカッコいい"と
思うらしい。
まぁ、自信なくうつむいて歩くよりいいかもしれないが、
他人の助力への感謝を忘れるのもこの手合いだ。

ナルシスト

ちょいワルおやじを気取るヤツ

自分のことしか関心のない男

美術館や喫茶店で、
年配の男性が女性相手に
とうとうとしゃべっている光景を目にする。
趣味のサークルの先輩と後輩といった関係らしい。
女性はやさしいから適当に
相槌(あいづち)を打ちながら話を聞いてあげている。
男はますます付け上がって
受け売りの**生半可な知識を
ひけらかし**続ける。
歳を重ねるにつれ肌の張りは失われ、
体力も記憶力も衰える。
残るは**口だけ**といったところか。

口しか武器のない男

知識をひけらかすために質問する男

知識をひけらかす男

お酒を飲むと陽気になる人は多いが、
人が変わったように偉ぶる男もいる。
普段はおとなしい人が、
アルコールの力で
能弁な英雄や
腕力にすぐれた武人に変わる。
そのギャップがかえって痛々しい。

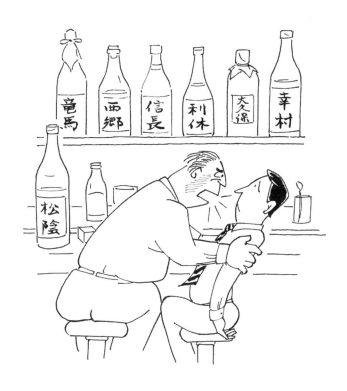

酒の力でなりきる男

女の前だけ見栄を張る男

見栄っ張り

手帳が**予定**で
びっしり埋まっているのが
自慢の男がいる。
いかに自分が周囲から
求められている存在であるか
確認したいのだろう。
自分で満足している分には
"ご勝手に"のレベルだが、
人に
吹聴せずにはいられないとなると、
受動喫煙同様、周囲にはストレスだ。

スケジュール自慢の男

自慢屋

"芸能人と知り合い"を吹聴する男

自慢屋の女もいないではないが、
ほら吹きというと**断然男**だ。
歴史的、生物学的に見て、
女が男に選んでもらう
"売り"は容色だからごまかしようがない。
いっぽう男が女に選んでもらう
"売り"は能力で、
これは簡単にはわからない。
だからホラを吹く。
女に、生まれながらに
真贋(しんがん)を見抜く目が
そなわっているのは、そのためである。

ほら吹き

同窓会などで卒業以来の再会をはたすと、
自分の歩んできた道のりの自慢ばかりか、
女房の実家の家柄がいいのだと
鼻をふくらます男がいる。
せっかく事業で成功しているのだから
それで十分だろうに、
どこまで**自慢の紐**を
手繰り寄せるつもりだろう、と
女性陣は一斉(いっせい)に引くのだが、
本人は**気が付かない。**

女房の実家の自慢をするイエバエ男

昔の肩書にこだわる男

ズルい男

自分の考えをもつだけの頭がなく、
権威のある人の言葉を
そのまま自分の意見にする。
そんな男が多いと無能な国になる。

自分の頭のない男

安全圏から出ようとしない男

つるんで行動する男

リベラリストとしては
脱原発、
企業人としては
原発推進、
板挟みになった挙句……

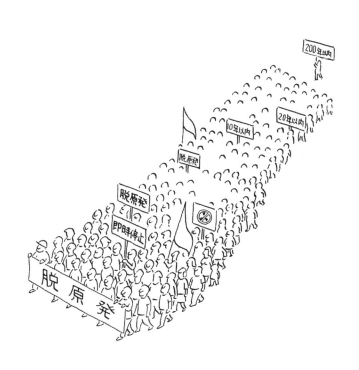

どっちにもいい顔をする男

本音と建前の違う男

あやかってモテようとする男

朝の会議で決まったことを
夜の電話一本でひっくり返す男がいる。
じゃ、あの会議はなんだったのか！
だんだんと敬遠されていくのだが、
本人は理由が思い当たらない。

朝令暮改男

大勢に便乗してののしる男

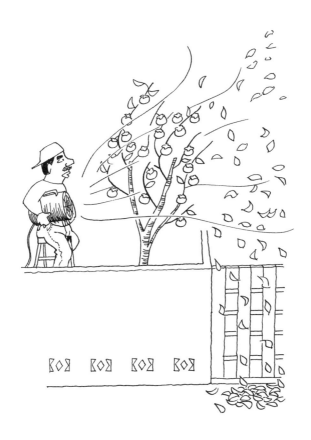

おいしいとこだけ取って、
面倒なことは人にやらせようとする男

パーティに、
招待されていない人たちを
引き連れて現れる輩(やから)がいる。
お祝い事だったりすると、
むげに帰れとも言えない。
「さぁ、食べて、食べて」とか
女の子に勧めたりしている。
人の金でいい顔しようという
ケチな根性が卑しい。

人の餌でいい顔する男

弱い者には
居丈高なもの言いで、
強い者には愛想笑いを浮かべてもみ手……
というのは
大衆芝居の悪役下っ端役人の
お決まりのポーズなのだけど、
政府高官、
ましてや国の宰相に
こんな男をいだいた国民はどうしたらいいのだろう。

相手によって態度を変える男

人を踏み台にしてのし上がろうとする男

情けない

男

病院の小さな待合室で
トイレから出てドアを閉めない男を目撃した。
考えごとをしていたふうには見えない。
たぶん家でもそうしているのだろう。
一人暮らしでドアを閉める必要がないのかもしれない。
年とともに**周囲への配慮**を忘れ、
家と外との**境**がなくなる。

トイレのドアを閉めない男

メニューの読めない男

決断力のない男

洗濯機を回しながら離乳食を作り、
義母からの電話の相手をする。
すると玄関のチャイムが鳴って……という生活を
長年続けてきた主婦は
脳内保存箱に三つ四つのコマンドを同時に入れ、

時間内にすべて完了することができる。
男には**これができない。**

一つやっているうちに、
あとの三つのコマンドを忘れる。
コマンドに瞬時に
優先順位をつけてひっくり返すとなると、
かなり高等なわざとなる。

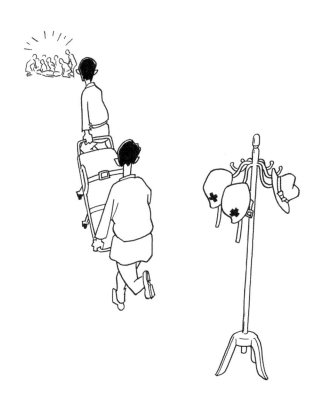

優先順位の判断ができない男

はっきりしない男

祝宴に水を差す男

実家に帰ると、
子どもの頃の自分に戻ってしまうらしい。
自分だけ親父や兄貴と話し込んで、
妻の存在を忘れる。
残された妻はお客さんでいたほうがいいのか、
女中になったほうがいいのか判断がつかない。
ボーッとしていて、
気の利かない嫁と言われたりする。

実家に帰ると妻の存在を忘れる男

"育ちがいい"とか
"気持ちがやさしい"とか
いう問題ではなく、
"ただ男として情けない"という
次元があるものだ。

ゴキブリを殺せない男

やさしい男だと思って結婚したら、
誰にでもやさしい男だったというのは、
よくある話だが、
とりわけ母親にやさしく、
無理難題を言われても唯々諾々(いいだくだく)と従う。
妻にとって、こんなに
夫が情けなく見える時もない。

母親に反論できない男

バーチャルな女にしか
関心を示さない男が
増えているという。
当然いつまでも独身で、親を心配させているのだが、
本人は意に介していない。
入院でもして、パソコンから離されたら、
案外、やさしい女性看護師さんに
惚れてしまうかもしれないのだが、
家にばかり居るので、
交通事故にも遭わないし、
伝染病もうつらない。

バーチャルな女性にしか興味のない男

ひも男

食事のマナー

「金を払っているんだから、
どこを拭こうとオレの勝手」と
思っているあなた、
ここは風呂屋の脱衣所じゃありませんから。

おしぼりで身体をふく男

立食式のパーティで、
寿司は年配者に一番人気だ。
寿司桶はまっ先に空(から)になる。
会費が高ければ即座に次の桶が出てくるが、
安ければそれっきり。
だから、ひとり二つ、
多くて三つというのがマナーだろうと思う。
ところが、仲間のためにか、
一皿に盛れるだけ盛って去っていくオヤジがいた。
まだまだ並んでいるのにおかまいなしだ。
どこの出身であろうと、
こういう輩(やから)のために
"田舎者"という言葉があるのだろう。

パーティで寿司を独り占めする男

マナーもクソもなく
ガツガツ食べる男が好ましく見えるのは高校生まで。
肉体に自信がなくなったら、

"品性"モードに
切り替えたほうがいい。

食べ方の汚い男

スパゲッティの食べ方の下手な男

ワリカンの会で人の倍食う男

ハワイに着いたとたん、ソバを注文する男

己を
知らない

ブレーキとアクセルを間違えて
コンビニに突っ込んだり、
高速道路を逆走したり、
運動神経の衰えに無自覚な老人の事故が多い。
以前あった能力が
なくなったことに気付かないだけでなく、
もともとないのに
あるように錯覚する男が少なくない。
お世辞や同情心からの

褒め言葉は
すべて**真実と受け止め、**
批判や忠告は
ジェラシーと片付ける。

女性の親切は"脈がある"ことになる。
警察沙汰を起こすことなく
一生を無事終えた暁には、
案外極楽でトンボになって
スイスイ飛んでいるのかもしれない。

己を知らない男

言うことなすことチルドレンな議員たち

周囲の迷惑を考えない男

VAN．JUN復活が痛い男

家事をしない男

「ボクは家事を手伝ってるよ」と
おっしゃる殿方、
"手伝う"のではありません。
半分はあなたの仕事です。

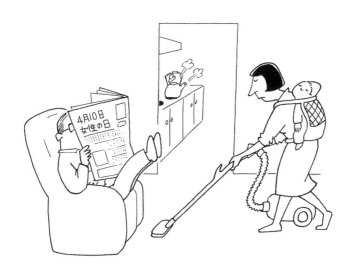

家事は女の仕事と決めつけてる男

家事をしない男

動かない男

白馬の王子様なんていないと気付いたとき、
女の子は
女になる。
男は一生、
男の子のまんまだ。

出したら出しっぱなし

作るときだけ熱心で、
終わっても片付けない男

部屋のメチャクチャきたない男

母親や会社の同僚が来ると、
茶碗ひとつ動かさない亭主関白を気取るくせに、
女房の親戚や友人が来ると、
いそいそと台所に立って
"物分かりのいい亭主"を演ずる。
ふだんやり慣れないことをやるので後が大変だ。

来客のときだけいいカッコしい

女房より上司が大事な男

女について

は

"女は二流市民"と
刷り込まれている男を上司にもつと、
どんなに努力しても評価してもらえない。
会議は男だけ。
女にとって居心地の悪い職場が、
今なお健在しているようだ。

女の話を聞かない男

女は家で子育てしろと思っている男

「女性は産む機械」と思っている男

宗教上の性的戒律のゆるやかな日本では、
かつて男女の性はおおらかであったようだ。
しかし、時代は変わり、
女性のスタイルがよくなるのと足並みをそろえて、
西洋風のマナーが行き渡ってきた。
裸の女の写真が掲載された週刊誌や
カレンダーが公共の場から姿を消し、
男に媚びる厚化粧から
ありのままを演出するナチュラルメークが
主流になってきた。
しかし、そんな時代の
変化の波に乗れないヤツがいる。
それが男だ。
昔男たちが固まって、
職場で堂々と猥談をやっていたりする。
そんな会社は将来性がないので、
さっさと辞めたほうがいい。

下ネタ話の好きな男

小心な助べえ

ワイセツ男

いつも若い女のそばに
すり寄っていく男がいる。
集合写真で美人の隣に写っているのが
そんなタイプだが、
彼女が選ぶのは、
もうひとつ隣の男だったりする。

若い女に向かう体内磁石をもっている男

中年女性は「背景」と思っている男

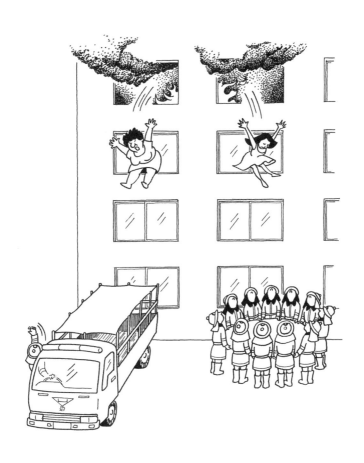

女性を容色や年齢で差別する男

高齢化に伴い、
白内障や緑内障など目にも障害が出てくる。
視野が狭まり、
若い女は視野に入るが、
古女房は視野の外で目に入らない障害を
「老人性視野狭窄症」といい、
緑内障の一種である。
ほうっておくとどんどん進行するが、
有効な治療法はいまだ
確立されていない。

老人性視野狭窄

男は正義のために命を懸ける映画は好きだが、
その実"正義"や"正論"は苦手だ。
それは女の専売特許。
だから裁判の神様は女神ということになっている。

正義の男神

証拠があがっているのに、
しらじらしい言い訳をする男

金で女の気を引く男

クラス会で不倫を自慢するヤツがいて、
居並ぶ女性陣はひそかに殺意を感じているのだが、
"オレっていい男"モードに
入ってしまった当人は
気付かない。
良識のある男は"場所を選べ"と
心中苦々しく思っているのだが、
中には羨ましく思っている男もいるだろう。
男の品性のリトマス試験紙になるので、
そんな時は、聞いている**男の顔を観察**しよう。

クラス会で不倫を自慢する男

女房の悪口を
口説き文句のうちと思っている男

女を用途別に選ぶ男

たえず自分のテリトリーを巡回し、
おためごかしを言って
配下の女をつなぎとめようとする男がいる。
本人は目配りの行き届いた
ボスのつもりかもしれないが、
獣に近かった頃の習性を
引きずっているだけのような気がする。

マーキング男

恩知らず

プライドのない男

今、流行の"**壁ドン**"。
中・高校生の女の子たちの憧れらしい。
場所は学校、時は放課後、
憧れのイケメン、スポーツ万能、
成績優秀の男子に告白されるときの
理想のポーズ。
しかし、これが、**場所が病院、**
時が深夜、要観察心臓病患者の女性看護師に
近づきたいための壁ドンだとしても、
新米看護師には見抜けず、
無駄に時間を使って、
他の重症患者のケアがおろそかになるので、
芝居はやめよう。

壁ドン：汚い手を使うヤツ

闘犬、闘牛、闘鶏……
みな**オス**だ。
テリトリーや家族を守るために
猛々(たけだけ)しい性格をもつのだろう。
人間の男も些細(ささい)なことで喧嘩する。
女が見ていると余計にいきりたつ。
女が喧嘩相手だと沽券(こけん)にかかわるとばかりに

つぶしにかかる。

進化が遅れているのである。

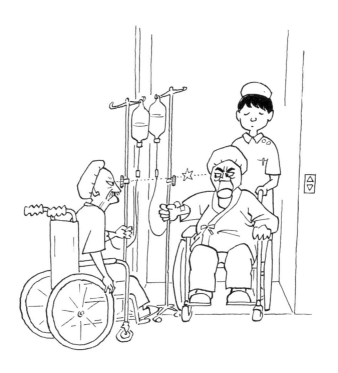

ガンをとばす男

♪私のお墓の前で泣かないでください
そこに私はいません　千の風になって…♪

やっぱり

男は

男は適応力が低い。
なまじ若い頃の人生が輝かしいものだったりすると、
その輝きを失った歳になっても、
いつまでも引きずっている。
明るく引きずって自慢タラタラははた迷惑、
暗く引きずってグチグチ同情を引こうとするのもはた迷惑。
女のように"今を生きる"のがよい。

元の椅子にこだわる男

女が一人で何かを眺めていると、
教えたがりオジサンが出没する。
女はやさしいから
「あなたは誰ですか！　あっち行ってください」
なんてことは言わない。
「まぁ、お詳しいのですね」など
適当に相槌(あいづち)を打つと、
オジサンの饒舌はもう止まらない。
女の一人たたずむ優雅な時間を奪っておきながら、
その自覚はなく、
「今日は人に親切をした」と
悦に入って晩酌が進む。

聞いてもいないのに教えたがる男

「偲ぶ会」で故人の悪口を言う男

「手塚治虫」を売りにする男たち

何ごともすべて**金で表す男**がいる。
観光地で美しい日本庭園を見ても
「今、同じものを造れば〇〇億円」
「あの石灯籠は〇〇万円ぐらい。
そこに苔が付くから更に値が張る」など、
さもしいことを言うので、
わびさびムードはどこへやら、

わびしさ、
　さびしさばかりが募る。

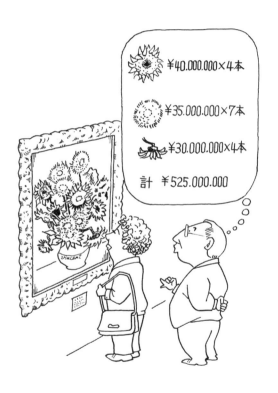

いちいち金で換算する男

話の中に
やたらカタカナ語や本場の発音をまぜたりする
輩(やから)がいるけれど、
聞き苦しいものだ。
外国を持ち上げ日本を貶(おとし)める話法の、
その日本人の中に
当の本人は入っていない。

外国かぶれの男

多重人格者

歴史を引きずる男

世話になったお礼と言いながら、
お歳暮のたらい回しや
余った会社の景品を持ってこられると、
貰わなかったときより
もっと腹が立つ。

恩返しをケチるヤツ

みんなが真面目に働いているときに、
平気でサボるヤツ。
終わった頃現れて、
悪びれもせず愛嬌を振りまいて打ち上げだけ参加する。
そこでしっかりコネをつくって
仕事につなげる。
いつかバチが当たる、と思って見ているのだが、
いっこうにバチは降ってこない。

仕事をズルける男

すぐにスマホに反応する男

あとがき

　このマンガは10年ほど前、おもしろくないことの憂さ晴らしにスタート、『EYE　MASK』という一枚マンガの雑誌に連載させていただいたものです。なるべくカートゥーンとして成立するよう心がけはしましたが、微才の身にはむずかしく、ただのイラストになってしまったものも多くあります。取り柄と言えば、取りあげた事例のほとんどが実話だということでしょうか。もちろん漫画仕立てにしてありますから、そのままではありませんが、底に流れる批判の目は事実に対して向けられたものです。友人からの聞き取りもあります。

　若い頃は男性との感じ方の違いに悩んだり苦しんだりもしてきましたが、この歳になると、違った生き物なのだと割り切れるようになりました。我が家はわたし以外、猫までオスで、わたしの所属するひとコマ漫画界もほとんど男性で、同窓会も断然男が多く、趣味の考古学の講座もしかりで、ネタには事欠きません。描き手がいい年こいたわたしである以上、俎上に乗せられる男性も年配者で、わたしの世代の前後、つまり昭和の男の姿という限界はありますが、「あのマンガの内容古いのよね」と言われることは、いい時代になった証として、むしろ喜ばしいことかもしれません。反対に、世代は変わっても男の本質はこの漫画のように滑稽なもので、若い女性が早々とそれを悟って、世にあふれる恋愛幻想やあくなき美の追求で時間を浪費することなく、男に振り回されない地に足の着いた生き方を見つけてくれたとしたら、それも喜ばしいことです。

　40年ほど前に雑誌『わいふ』の田中喜美子編集長や和田好子副編集長に出会い、彼女らの導きで現代書館から『近代女性史』を刊行し、デビューしました。その同じ現代書館から、自分の声だけで綴った漫画集を出せることをたいへん嬉しく思います。

　最後にひとこと付け加えさせていただけるなら、わたしに手を差し伸べてくださった有能な先輩女性方に加えて、多くの先輩男性、元上司の方々からも多大なご支援、ご協力をいただいてきまして、それが今日のわたしをつくっています。感謝とともに、この本を上梓し献上いたします。……いらない？　まぁ、そう言わずに……。

西田淑子

西田淑子（にしだ・としこ）

東京都出身
慶應義塾大学、米国コネチカットインスティテュートオブアート卒業
日経ウィークリーオピニオン欄、日経新聞生活家庭欄、「This is 読売」"永田町こぼれ話"、毎日新聞「世相三枚おろし」、「清流」「倫風」「ベンチャーリンク」その他の印刷物に漫画やイラストを描く
出版物：『近代女性史』『精神医療』『コマーシャルフィルム』（以上現代書館）『らくらくおそうじ図鑑』『そうじのヒント』『企業城下町』『進学塾』『ヨン様川柳』『今川乱尾川柳句集』のイラスト・漫画
国際漫画展参加歴：第5回アジア漫画展（日本）、第6回、第11回RIDEP（フランス）、第14回7－77国際漫画コンペ（トルコ）、第1回AYACC（中国）に個人招待参加、FECO日本支部会員としてエジプト、トルコ、スペイン、フランス、シンガポールでのグループ漫画展に参加。また、女性漫画家展として南米巡回展、スペインやブラジル（Piracicaba）での展覧会に参加、女性問題をテーマにした漫画展としては、ルーマニア、米国ワシントン、マレーシア（Women Deliver）での展覧会に参加。
所属団体：（公社）日本漫画家協会（理事）、日本漫画の会（幹事長）、FECO（世界漫画家連盟）

残念無念な男たちコレクション
（ざんねんむねんなおとこ）

2015年12月15日　第1版第1刷発行

著者　　西田淑子
発行者　菊地泰博
発行所　株式会社 現代書館
　　　　102-0072東京都千代田区飯田橋3-2-5
　　　　電話 03（3221）1321
　　　　FAX 03（3262）5906
　　　　振替 00120-3-83725
　　　　http://www.gendaishiokan.co.jp/
印刷　　平河工業社（本文）　東光印刷所（カバー）
製本　　越後堂製本

©2015 NISHIDA Toshiko Printed in japan ISBN978-4-7684-5774-0
定価はカバーに表示してあります。落丁本・乱丁本はお取り替えいたします。

本書の一部あるいは全部を無断で利用（コピーなど）することは、著作権法上の例外を除き禁じられています。但し、視覚障害その他の理由で活字のままでこの本を利用できない人のために、営利を目的とする場合を除き、「録音図書」「点字図書」「拡大写本」の製作を認めます。その際は事前に当社までご連絡ください。